Quotes in Spanish
Citas / Dichas en español

By Theme
Por tema

Stephanie Caprini

ISBN:0615859933
ISBN 13:9780615859934

Thank you to Clay Houser for the beautiful graphic work and cover design on this and my other books

As a Spanish teacher, I decided early on that exposing students to quotes and sayings in the target language was necessary and advantageous to helping them see the new language in an everyday light. Some quotes were relatable, others reflections of sayings they already knew, and others still taught them new and fun words. Regardless of the saying, I discovered the quotes helped open a more accessible door to the language.

Maybe you chose this book for practical purposes. Maybe you chose it for enjoyment or inspiration. Whatever the reason, may you find that these pages fill your mind with what I have come to find is a beautiful language and my gateway to exploring many other fascinating languages and cultures.

~Stephanie

El contenido
Table of Contents

The quotes in this book have been selected from many sources over the years. Although multiple efforts have been made to verify the correctness of each quote and source, the author cannot guarantee their 100% accuracy.

El amor / Love

La sonrisa cuesta menos que la electricidad y da más luz
A smile costs less than electricity and gives off more light
Proverbio escocés / Scottish Proverb

El amor, como ciego que es, impide a los amantes ver las divertidas tonterías que cometen
Love, as blind that it is, prevents lovers to see silly follies that they commit
William Shakespeare

El amor es invisible y entra y sale por donde quiere, sin que nadie le pida cuenta de sus hechos
Love is invisible and comes and goes where it wants without anyone questioning his/her actions
Miguel de Cervantes

Cuando pescas por amor, usa tu corazón, no tu mente
When you fish for love, bait with your heart, not your brain

Mark Twain

El corazón es un niño: espera lo que desea
The heart is a child: it waits (or hopes) for what it wants

Proverbio ruso / Russian Proverb

Los hombres ofenden antes al que aman que al que temen
Men has less scruple in offending one who is beloved than one who is feared

Maquiavelo / Maquiavelli

Es tan corto el amor y tan largo el olvido
Love is so short and forgetting is so long

Pablo Neruda *Love: Ten Poems*

El amor abre todas las puertas; el rancor las cierra
Love opens all doors, hatred closes them

Fasto Cayo

Te quiero y solamente Usted
I love you, and only you

Laura Ramirez

La medida del amor es amar sin medida
The measure of love is to love without measure

San Agustín / St. Augustine

No hay amor perdido entre nosotros
There is no love lost between us

Miguel de Cervantes

La amistad
Friendship

La amistad es un alma que habita en dos cuerpos; un corazón que habita en dos almas
Friendship is a soul that inhabits two bodies; a heart that inhabits two souls

Aristótiles / Aristotle

El que busca un amigo sin defectos se queda sin amigos
He who looks for a friend without defends remains without friends

Proverbio turco / Turkish Proverb

La crueldad es la fuerza de los cobardes
Cruelty is the force of cowards

Proverbio árabe / Arabic Proverb

Todos los hombres estamos hecho del mismo barro, pero no del mismo molde
All us men are made of the same mud but not of the same mold
Proverbio mexicano / Mexican Proverb

Si quieres convencer a un enemigo, préstale los mejores rasgos de su carácter; nunca sus defectos
If you want to convince an enemy, show him the best features of his character, never his defects
Muhatma Gandhi

Amigos son aquellos extraños seres que nos preguntan cómo estamos y se esperan a oír la contestación
Friends are those rare creatures who ask us how we are and wait to hear an answer
Ed Cunningham

El verdadero amigo es aquel que a pesar de saber cómo eres, te quiere
A true friend is someone who, even after knowing who you are, loves you
Anónimo / Anonymous

El auténtico amigo es el que lo sabe todo sobre ti y sigue siendo tu amigo
A true friend is one who knows all about you and continues being your friend

Kurt D Cobain

La única manera de hacer un amigo es serlo
The only way to make a friend is to be one

Ralph Waldo Emerson

El falso amigo es como la sombra que nos sigue mientras dura el sol
A false friend is like the shade that follows us even while the sun is out

Carlos Dossi

El hombre más rico del mundo no es el que conserva el primer *duro* que ganó sino el que conserva el primer amigo que tuvo
The richest man in the world is not the one who conserves his first five-peseta coin that he earned but he who retains the first friend he had

Marta Mason

Dime con quien andas y te diré quien eres
Tell me who you walk with, and I'll tell you who you are
Proverbio español / Spanish Proverb

El éxito /Success

Considero más valiente al que conquista sus deseos que al que conquista a sus enemigos, ya que la victoria más dura es la victoria sobre uno mismo

It is considered more valiant to conquer one's desires than to conquer one's enemies, as the victory that endures longer is a victory over oneself

Aristóteles / Aristotle

Lo pasado ha huido, lo que esperas está ausente, pero el presente es tuyo

The past has gone, what you wait for is absent, but the present is yours

Proverbio árabe / Arabic Proverb

Estaba furioso de no tener zapatos; entonces encontré a un hombre que no tenía pies, y me sentí contento de mi mismo

I was furious at not having shoes; then I ran into a man who had no feet, and I felt satisfied with who I was

Proverbio

¡Nunca te rías de la tontería de los demás! Puede representar una oportunidad para ti
Never laugh at the stupidity of others! It can represent an opportunity for you

Winston Churchill

Cuando la vida te presente razones para llorar, demuéstrale que tienes mil y una razones para reír
When life gives you reasons to cry, show it that you have 1001 reasons to laugh

Anónimo / Anonymous

La única razón para no triunfar en la vida es ... no haber nacido
The only reason for not succeeding in life is ... not having been born

Proverbio mexicano / Mexican Proverb

El buen carpintero mide dos veces, corta uno
A good carpenter measures twice, cuts once

Proverbio / Proverb

La disciplina es la parte más importante del éxito
Discipline is the most important part of success

Truman Capote

No encuentres la falta, encuentra el remedio
Don't find the fault, find the remedy

Henry Ford

Si haces una cosa más de una vez, puedes obtener mejores resultados
If you do something more than once, you can obtain better results

John Cage

La mejor motivación es determinación
The best motivation is determination

Stephanie Caprini

El fracaso
Failure

La primera vez que me engañas, será culpa tuya; la segunda vez, la culpa será mía
Fool me once, shame on you; fool me twice, shame on me
Proverbio árabe / Arabic Proverb

Si te caes siete veces, levántate ocho
If you fall seven times, stand up eight
Proverbio chino / Chinese Proverb

La mayoría de los fallos en la vida vienen cuando los hombres no saben cuánto cerca están al éxito
Many of life's failures are people who didn't realize how close they were to success

Albert Einstein

Caer está permitido. ¡Levantarse es obligatorio!
Falling is permitted. Standing back up is required!
                                    Proverbio ruso / Russian Proverb

Tu mejor maestro es tu último error
Your best teacher is your most recent error
                                                        Ralph Nader

A quien teme preguntar, le avergüenza aprender
He who fears questioning, shame he will learn
                                    Proverbio danés / Danish Proverb

Un tropezón puede prevenir una caída
A stumble can prevent a fall
                                    Proverbio inglés / English Proverb

Es peligroso todo aquel que no tiene nada que perder
It's dangerous all that has nothing to lose
                                    Johann Wolfgang Goethe

Cometer un error y no corregirlo es otro error
To commit an error and not correct it is another error

Confucio / Confucius

Quien lucha puede perder; quien no lucha ya perdió
One who fights may lose; one who does not fight already lost

Anónimo / Anonymous

La «vida fácil» suele ser lo más difícil
The "easy life" can tend to be the hardest

Enrique Jardiel Poncela

La inactividad solo apatece cuando tenemos demasiado que hacer
Inactivity only appeals when we have too much to do

Noël Coward

<u>*La esperanza*</u>
<u>*Hope*</u>

El más terrible de todos los sentimientos es el sentimiento de tener la esperanza muerta
The most terrible of all feelings is the feeling of one´s hope having died

                                             Federico García Lorca

Es mejor viajar lleno de esperanza que llegar
It is better to travel filled of hope than to arrive
                              Proverbio japonés / Japanese Proverb

Sí, se puede
Yes, it can (be)
                    Las protestas de 1972 / Protests of 1972 y
                                          Barack Obama, 2008

Un líder es un comerciante de esperanzas
A leader is a dealer in hope

Napoleón / Napoleon

Tener fé es tomar el primer paso aunque no ves la escalera entera
Take the first step in faith.   You don't have to see the whole staircase

Martin Luther King, Jr.

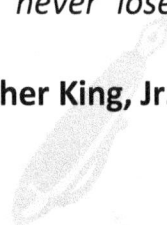

Mi mejor esperanza es reír tanto como llorar, terminar mi trabajo, e intentar amar a alguien y tener el valor de aceptar el amor a cambio
My great hope is to laugh as much as I cry, to get my work done, and to try to love somebody and have the courage to accept the love in return

Maya Angelou

Tenemos que aceptar la desilusión limitada, pero nunca perder la esperanza infinita
We must accept finite disappointment, but never lose infinite hope

Martin Luther King, Jr.

Mañana espera que hayamos aprendido algo de ayer
Tomorrow hopes we have learned something from yesterday

John Wayne

La mente fuerte siempre espera y siempre tiene causa de esperar
A strong mind always hopes and always has cause to hope
Thomas Carlyle

Donde no hay visión, no hay esperanza
Where there is no vision, there is no hope
George Washington Carver

La esperanza es el sueño despierto
Hope is a waking dream

Aristóteles / Aristotle

El lenguaje
(incluyendo el arte y la música)

Language
(including Art and Music)

Quien no comprende una mirada tampoco comprenderá una larga explicación
One who does not understand a glance will neither understand a long explanation

Proverbio árabe / Arabic Proverb

El arte no es algo que se puede tomar y dejar. Es necesario para vivir
Art is not something that one can take and leave. It is necessary to live

Oscar Wilde

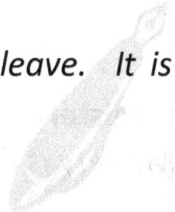

No hables a menos que puedas mejorar el silencio
Don´t speak unless you can improve on silence

Jorge Luis Borges

Si lo que vas a decir no es más bello que el silencio, no lo digas
If what you are going to say is not more beautiful than silence, don't say it

Proverbio árabe / Arabic Proverb

El que no habla no come
He who does not talk, does not eat

Anónimo / Anonymous

Las palabras son enanos, los ejemplos son gigantes
Words are worthless, examples are giants. (Actions speak louder than words)

Proverbio suiza / Swiss Proverb

El misterio es el elemento clave en toda obra de arte
Mystery is the key element in all works of art

Luis Buñuel

¿Sabías que el músculo más fuerte del cuerpo humano es la lengua?
Did you know the strongest muscle in the human body is the tongue?

Anónimo / Anonymous

La risa cura; es la obra social más barata y efectiva del mundo
Laughter cures; it's the cheapest and most effective social construction in the world

Robert Pettinato

Cuando menos piensan los hombres más hablan
When men think less, they talk more

Charles-Louis de Secondat de Montesquieu

Inglaterra y América son dos países dividido por la misma lengua
England and America are two countries divided by the same language

George Bernard Shaw

La patria de un escritor es su lengua
The country of a writer is his language

Francisco Ayala

El habla es el plato, el silencio es oro
Talking is silver, silence is gold

Proverbio alemán / German Proverb

Arte es una mentira que nos da cuenta de la verdad
Art is the lie that makes us realize truth

Pablo Picasso

Un hecho bueno muere cuando se habla de él
A good deed dies when it's discussed

Proverbio árabe / Arabic Proverb

Un libro es como un jardín en tu bolsillo
A book is like a garden in your pocket

Proverbio chino / Chinese Proverb

Damos consejos por el cubo, pero lo toma por el grano
We give advice by the bucket but take it by the grain

William R Alger

Obtener tus datos primero. Puede distorcionarlos luego
Obtain your facts first. Then you can distort them later as you please

Mark Twain

La vida / Life

Nada hay más surreal que la realidad
There´s nothing as surreal as reality

Salvador Dalí

La vanidad es tan fantástica, que hasta nos induce a preocuparnos de lo que pensarán de nosotros una vez muertos y enterrados
Vanity is so fantastic that it even induces us to worry about what people will think about us once we´re dead and buried

Ernesto Sábato

La noche es la mejor representación de la infinitud del universo. Nos hace creer que nada tiene principio y nada, fin
Night-time is the best indication of the infinity of the universe. It makes us believe that nothing has a beginning or end

Carlos Fuentes

Una vez terminado el juego, el rey y el peón vuelven a la misma caja
Once the game is finished, the king and the peon return to the same box

Proverbio italiano / Italian Proverb

¿Qué sentido tiene correr cuando estamos en la carretera equivocada?
What sense does it make to run when we are on the wrong road?

Proverbio alemán / German Proverb

Si no quieres que se sepa, no lo hagas
If you don't want it known, don't do it

Proverbio chino / Chinese Proverb

Trata a los pequeños como tú quisieras ser tratado por los grandes
Treat the smallest how you would want to be treated by the greatests.

Proverbio / Proverb

Vale más ser cobarde un minuto que muerto el resto de la vida
It's worth more to be a coward for a minute than dead for the rest of your life

Proverbio irlandés / Irish Proverb

Un pájaro no canta porque tenga una respuesta, canta porque tiene una canción
A bird does not sing because he has an answer; he sings because he has a song

Proverbio chino / Chinese Proverb

Hay que tener aspiraciones elevadas, expectativas modernas, y necesidades pequeñas
You have to have high aspirations, modern expectations, and small needs

Heinrich von Stein

Todo el mundo trata de realizar algo grande sin dares cuenta de que la vida se compone de cosas pequeñas
The whole world tries to create something big without realizing that life is composed of the small things

Frank Clark

La vida consiste en la comprensión de la verdad
Life consists of understanding the truth

Leon Tolstoi

Lo mejor que la naturaleza ha dado al hombre es la brevedad de su vida
The best thing that nature has given man is the brevity of his life

Plinio el Viejo / Pliny the Elder

La vida no es sino una continua sucesión de oportunidades para sobrevivir
Life is nothing more than a continued succession of opportunities to survive

Gabriel García Márquez

No hay nada que desespere tanto como ver mal interpretados nuestros sentimientos
There is nothing more despairing than to see our emotions poorly interpreted

Jacinto Benavente

Cuanto más vivo, más maravillosa se vuelve la vida
The more I live, the more marvelous life becomes

Frank Lloyd Wright

Nuestra carácter es el resultado de nuestra conducta
Our character is a result of our conduct

Aristóteles / Aristotle

Lo que no te mata, te hace más fuerte
What doesn't kill you makes your stronger

Frederich Neitzche

Lo que quieres no aparece mágicamente, tienes que trabajar por él
What you want in life doesn't magically appear; you have to work for it

Un estudiante mío / One of my students

La sabiduría
Knowledge

Sólo un idiota puede ser totalmente feliz
Only an idiot can be totally happy

Mario Vargas Llosa

La sabiduría nos llega cuando ya no nos sirve de nada
Wisdom comes to us when it's already too late

Gabriel García Márquez

El ignorante afirma, el sabio duda y reflexiona
He who is ignorant affirms. He who is wise doubts and reflects

Aristóteles / Aristotle

Es más fácil variar el curso del río que el carácter de un hombre
It's easier to change a river's course than a man's character
Proverbio chino / Chinese Proverb

Los ojos no sirven de nada a un cerebro ciego
Eyes don't have any power if used with a blind brain
Proverbio árabe / Arabic Proverb

Más veces descubrimos nuestra sabiduría con nuestros disparates que con nuestra ilustración
More often we discover our knowledge with our madness than with our learning
Oscar Wilde

Parecer discreto vale tanto como entender una cosa y es mucho más fácil
To appear modest is worth as much as understanding something and is much easier
Oscar Wilde

Yo solo sé que no sé nada
I know (one thing) that I know nothing

Sócrates / Socrates

Sentir antes de comprender
Feeling before understanding

Jean Cocteau

Hay que entender no solo a lo que cada cual dice, sino a lo que siente y al motivo por qué lo siente
One must understand not only what another says but also what he says and the motive for why he feels it

Marco Tulio Cicerón

No hay camino para la paz. La paz es el camino
There are no roads to peace. Peace is the road

Mahatma Gandhi

La única cosa que sé es que nada sé (Duplicado)
The only thing I know is that I know nothing (Duplicate)

Sócrates / Socrates

Pensar es como vivir dos veces
To think is like living twice

Marco Tulio Cicerón

¿Quién es libre? Sólo el que sabe dominar sus pasiones
Who is free? Only he who knows how to dominate his passions

Horacio Flaco Horacio V

¿Dónde? ¿Cómo? ¿Qué? ¿Por qué? Estas preguntas abarcan toda la filosofía.
Where? How? What? Why? These questions cover all of philosophy

Petrus Jacobus Joubert

Un error conocido es mejor que la verdad desconocida
A known error is better than an unknown truth

Proverbio árabe / Arabic Proverb

¿Cuál es la tarea más difícil del mundo? ... Pensar
What is the most difficult work in the world? ... Thinking

Ralph Waldo Emerson

Conocer a otros es sabiduría; conocer nuestro ser es iluminación

To know others is wisdom; to know ourselves is enlightenment

Tao Te Ching

Pensamientos tontos los tenemos todos, pero el sabio se los calla

We all have stupid thoughts, but a wise man keeps them quiet

Wilhelm Busch

Frases famosas
(T.V. /Películas /Canciones)

Famous sayings
(T.V. / Movies / Songs)

La vida es lo que te pasa mientras estás ocupada haciendo otras cosas
Life is what passes you by when you're busy making other plans

John Lennon

La vida es sueño
Life is a dream

El alcalde de Zalamea, Pedro Calderón de la Barca

Ser o no ser, esto es la cuestión
To be or not to be, that is the question
William Shakespeare

Mamá siempre decía que la vida es como una caja de bombones, nunca sabes cual te va a tocar
Momma always said life was like a box of chocolates, you never know what you're gonna get
Forrest Gump

Carpe diem. Aprovecha el momento.
Carpe diem. Sieze the day
El club de poetas muertos / Dead Poet's Society

Por lo que más deseamos, al final siempre hay que pagar un precio
For what we want most, there is a cost must be paid in the end
Piratas del Caribe 3: en el fin del mundo
Pirates of the Caribbean 3: At World's End

Sólo al sonar tenemos libertad, siempre fue así y siempre así será
Only when dreaming do we have freedom, it was always this way and so it will always be

El club de poetas muertos
Dead Poet's Society

No es nada personal, es cuestión de negocios
It's nothing personal. It's business

El padrino / Godfather

En ti hay algo más de lo que tus ojos ven
There is something in you more than your eyes see

Transformers

La inteligencia nos convierte en hombres
It's our wits that make us men

Malcolm Wallace, *Braveheart*

El amor significa nunca tener que decir que lo sientes
Love means never having to say you're sorry

Love Story **(1970)**

El corazón de una mujer es un profundo océano de secretos
A woman's heart is a deep ocean of secrets
Titánico / Titanic

El código es la ley
The code is the law
Piratas del Caribe 3: en el fin del mundo
Pirates of the Caribbean 3: At World's End

Lo que hacemos en la vida tiene su eco en la eternidad
What we do in life echoes in eternity
Gladiator

Oportunidad no llega a la puerta, llama, llama de nuevo, y te deja una nota que pide perdón por no verte
Opportunity does not come to the door, then knock, then knock again, and leave you a note saying, "Sorry I missed you"
Fez, *That 70's Show (1998)*

El césped siempre crece más verde al otro lado de la valla
The grass is always greener on the other side (of the fence)

Anónimo / Anonymous

¿Y por qué nos caemos? Para aprender a levantarnos
And why do we fall? So we might learn to pick ourselves back up

Batman Inicia / Batman Begins

La tinta más clara es mejor que la mejor memoria
The clearest ink is better than the best memory

Mad Men (2009)

Buddy el Duende, ¿cuál es tu color favorito?
Buddy the Elf, what's your favorite color?

Duende / Elf

Regla #76: No hay excusas. Juega como un campeón
Rule #76: No excuses. Play like a champion

Wedding Crashers

No hay lugares como el hogar
There's no place like home

El mago de Oz / The Wizard of Oz

Un hombre verdadero hace su propia suerte
A real man makes his own luck

Titánico / Titanic

- Brian, tengo un mensaje en mi sopa. Se dice «oooo»
- Peter, ésos son Cheerios
"Brian, I have a message in my Alpha-Bits. It says 'oooo' "
"Peter, those are Cheerios"

Family Guy

¿Qué haces cuando estás deprimido?   Sigue nadando.
Sigue nadando
What do you do when life gets you down?   Just keep swimming. Just keep swimming

Buscando a Nemo / Finding Nemo

Busca tu compañero de salida. ¿Tienes tu compañero de salida?
Find your exit buddy. Do you have your exit buddy?
Buscando a Nemo / Finding Nemo

Está todo en la cadena
It's all in the hips

Happy Gilmore

Hay «Haz» y «No hagas», no hay «Probar»
There's "Do" and "Do not," there is no "Try"

Yoda

La religion
Religion

Dios no manda cosas imposibles, sino que, al mandar lo que manda, te invita a hacer lo que puedas y pedir lo que no puedas y te ayuda para que puedas
God does not order impossible tasks but rather upon ordering the command, invites us to do what we can and ask for what we cannot and helps you so that you can.

San Agustín / St. Augustine

El hombre encuentra a Dios detrás de cada puerta que la ciencia logra abrir
Man finds God behind every door that science manages to open.

Albert Einstein

Cuando Dios borra, es que va a escribir algo
When God erases, it's because he's going to write something

Jacques Benigne Bossuet

Sólo conozco dos tipos de personas razonables: las que aman a Dios de todo corazón porque le conocen, y las que le buscan de todo corazón porque no le conocen
I only know two types of rational people, those who love God with all their heart because they know Him, and those that look for Him with all their hearts because they do not know Him

Blaise Pascal

Cuando todos te abandonan, Dios se queda contigo
When all abandon you, God remains with you

Mahatma Gandhi

Cada obra de amor, llevada a cabo con todo el corazón, siempre logrará acercar a la gente a Dios
Every work of love, performed with all the heart, always brings the people closer to God

Madre Teresa de Calcuta / Mother Teresa

Cuando un pueblo trabaja Dios lo respeta, pero cuando un pueblo canta, Dios lo ama
When a town works, God respects it, but when a town sings, God love it.

Facundo Cabral

Quien a Dios tiene, nada le falta. Sólo Dios basta
Whoever has God needs nothing. God alone is enough
Santa Teresa de Jesús

Dios mira las manos limpias, no las llenas
God looks for clean hands, not full ones
Publio Siro

El más indestructible de los Milagros es la fé humana en ellos
The most indestructible of miracles is humanity's faith in them.
Jean Paul

Sólo Dios es el verdadero sabio
God alone is the true wiseman
Sócrates / Socrates

Lo más increíble de los Milagros es que ocurren
The most incredible of all miracles is that they occur
Gilbert Keith Chesterton

No hay poder que no venga de Dios
There is no power that does not come from God

San Pablo

Dios es día y noche, invierno y verano, Guerra y paz, abundancia y hambre
God is day and night, winter and summer, war and peace, abundance and hunger

Heráclito de Éfaso / Heraclitus of Ephesus

Extra
Miscellaneous

La respuesta más rápida es la acción
The quickest response is action
> **Proverbio americano / American Proverb**

Todo lleva más tiempo del que Usted piensa
Everything takes longer than you think
> **Ley de Murphy / Murphy's Law**

Gobernar significa rectificar
To govern means to correct
> **Confucio / Confucius**

Ver es creer, pero sentir es estar seguro
To see is to believe, but to feel is to be certain
> **John Ray**

Los tiempos felices en la humanidad son las páginas vacias de la historia
The happiest times in humanity are the empty pages of history

Leopold Van Ranke

El que no tiene carácter no es un hombre, es una cosa
He who has no character is not a man, he is a thing

Chamfort

Las verdaderas características de la ignorancia son vanidad, orgullo, y arrogacia
The true characteristics of ignorance are vanity, pride, and arrogance

Samuel Butler

La escuela debe ser capaz de leer la realidad concreta que rodea al niño
Schools should be able to read the concrete reality that revolves around a child

Anónino / Anonymous

La insipración es el trabajo
Inspiration comes of working every day
Charles Baudelaire

Las personas son como la luna. Siempre tienen un lado oscuro que no enseñan a nadie
Everyone is like the moon and has a dark side which he never shows to anybody
Mark Twain

Un nickel ya no vale diez céntimos
A nickel isn't worth a dime
Yogi Berra

Haz lo que puedes con lo que tienes, donde estás
Do what you can with what you have, where you are
Theodore Roosevelt

Trabalenguas
Tongue-Twisters

Compré pocas copas
Pocas copas compré
Y porque compré pocas copas
Pocas copas pagué

Porque puedo puedes
Porque puedes puedo
Pero si tú no puedes
Yo tampoco puedo

Poquito a poquito Paquito empaca
Poquitas copitas en pocos paquetes

Venezuela

De Guadalajara vengo
Jarra traigo, jarra vendo
A medio doy cada jarra
Que jarra tan cara traigo a Guadalajara

México

Erre con erre, cigarro
Erre con erre, barril
Rápido ruedan los carros cargados
Con azúcar a ferrocarríl

Pedro Pablo Pérez Pinto Prieto
Pinta puertas por poco precio
Para poder pasar por Perú
Por el Partido Popular

Tres tristes tigres tragaban trigo en un trigal

www.ingramcontent.com/pod-product-compliance
Lightning Source LLC
Chambersburg PA
CBHW060644280326
41933CB00012B/2151

* 9 7 8 0 6 1 5 8 5 9 9 3 4 *